Mike Peyton

Warum segeln wir eigentlich?

HANDYBILLY
PEYTON

Mike Peyton

Warum segeln wir eigentlich?

Delius Klasing Verlag

Diese Cartoons erscheinen mit freundlicher Genehmigung der Zeitschriften *Yacht & Yachting, Practical Boat Owner* und *Yachting Monthly*, in denen sie zuerst veröffentlicht wurden.

Titel der englischen Originalausgabe: WHY DO WE DO IT?
First published 1995 by Fernhurst Books, Duke's Path, High Street, Arundel, West Sussex BN18 9AJ, England

Die Deutsche Bibliothek – CIP-Einheitsaufnahme

Peyton, Mike
Warum segeln wir eigentlich? / Mike Peyton. [Aus dem Engl. von Harald Schwarzlose]. – Bielefeld : Delius Klasing, 1996
Einheitssacht.: Why do we do it? ⟨dt.⟩
ISBN 3-7688-0960-9
NE: HST

ISBN 3-7688-0960-9

Die Rechte für die deutsche Ausgabe liegen beim Verlag Delius, Klasing & Co., Bielefeld
Aus dem Englischen von Harald Schwarzlose
Einbandgestaltung: Ekkehard Schonart
Gesamtherstellung: Wilhelm Röck Graphische Betriebe, Weinsberg
Printed in Germany 1996

Inhalt

Den Crews gewidmet,
die dabei waren,
als es passierte,
besonders Danny und Richard.

1 *Wie alles begann*

„Wie wurden Sie eigentlich Yacht-Cartoonist?“ fragte mich eines Tages mein Verleger. Nun ja, man könnte das alles mit finanziellen Problemen erklären. Als Kunststudent lebte ich nicht gerade in Saus und Braus. Für meine Bude und ein bißchen zu essen gingen die zwei Pfund, die ich damals in der Woche als Unterstützung bekam, so ziemlich drauf.

Ich half in Kneipen aus, machte Gelegenheitsjobs und versuchte überall, für meine Arbeit etwas zu essen zu ergattern. Und wenn ich mal weiter weg Besuche machen wollte, fuhr ich per Anhalter. Meistens nahmen mich die Fernfahrer mit, und sie waren es auch, die mich mit ihren schrulligen Eigenheiten zum Zeichnen der ersten Cartoons animierten. Ich verkaufte sie an Auto- und Fachzeitschriften, und mein Lebensstandard begann zu steigen.

Ich war schon damals felsenfest davon überzeugt, daß ich eines Tages ein berühmter Künstler werden würde. Große Künstler haben himmlische Inspirationen und werden von der Muse geküßt. Wenn du etwas Bedeutendes schaffen willst, mußt du die Dinge anders sehen können, als sie in Wirklichkeit sind. Nur wenn du sie in deinem Innersten begreifst, kannst du sie künstlerisch umsetzen.

Bei den Cartoons ist es ähnlich. Nur wer hinter die Kulissen blicken und das Wesentliche herausarbeiten kann, ist ein guter Cartoonist. Ich hatte diese Gabe und wußte, daß sie mich eines Tages in die Lage versetzen würde, auch anspruchsvolle Bilder zu malen. Daß daraus bis heute nichts wurde, ist meines Erachtens ein großer Verlust für die Kultur.

Die Zeit, in der ich heiratete und einige Jahre durch Europa und Nordamerika trampte, können wir hier überspringen. Zurück in England, kauften wir uns ein Haus. Bevor Sie glauben, ich hätte unterwegs das große Geld gemacht, sollte ich erklären, daß es eine alte baufällige Hütte ohne Fußboden, Fenster und Nachbarn war. Es führte auch keine Straße hin, aber der Preis war günstig, und auch das Dach hielt dicht. Ich glaube, dieses Haus hatte eine große Bedeutung für meine weitere Entwicklung. Es lag in Essex auf einem einsamen Feld, nicht weit von einem Flußarm entfernt, der bei Niedrigwasser trockenfiel. Dieses Gewässer mit seinen Wracks, aufgelegten Rettungsbooten, alten Frachtseglern und den kantigen Typen, die darauf hausten, sollte mein Leben verändern. Irgendwie fühlte ich, daß ich hier meine Basis gefunden hatte – die allerdings ziemlich tief lag. Unser Grundstück befand sich unter dem Meeresspiegel, und wir mußten jährlich eine Art Deichsteuer zahlen.

Immerhin lieferten mir die Boote und Leute auf dem Fluß Ideen für meine Cartoons, und ich verdiente zum ersten Mal richtiges Geld. Allerdings verschwand das meiste davon wieder für den Einbau von Fenstern, Kaminen und Fußböden. Sogar eine Küche wurde angebaut, so daß wir unser Essen nicht mehr in dem alten Backofen vor dem Haus kochen mußten.

Und es blieb noch etwas Geld übrig, das mich zu einem ziemlich unüberlegten Kauf verführte. Im Hafen von Southend Beach entdeckte ich ein hölzernes, siebeneinhalb Meter langes Boot, mit dem Ausflügler am Strand entlanggesegelt wurden. Der Gaffelkutter war zu verkaufen, und ich verliebte mich sofort. Er hatte ein Mittelschwert, und der Voreigner hatte die Bordwände ein bißchen erhöht und vorne ein Backdeck aufgezimmert, damit's für die Touristen weniger naß war. Eigentlich war es mehr ein viereckiger Kasten mit einem etwas zugespitzten Ende, und – um ehrlich zu sein – er hatte nur eine wirklich gute Eigenschaft: Wir konnten problemlos trockenfallen. Aber der Kutter war eine Perle, was den Preis betraf. Und so störte es mich auch nicht, daß der Eigner das Boot verkaufen wollte, um sich einen Wohnwagen anzuschaffen.

Eigentlich sollte das Boot trailerbar sein, aber als wir versuchten, es aufzuslippen, stellten wir fest, daß es so schwer wie eine Kohlenschute war. Der Verkäufer – der damals noch mein Freund war – gab einen Rabatt von fünf Pfund, und so hatten wir noch etwas Reserve auf der Bank. Meine Frau meinte später, wir würden den einzigen gaffelgeriggten Schuhkarton von Essex besitzen, und es gab Zeiten, in denen wir nicht mehr miteinander sprachen. Was sie aber am meisten fuchste, war die Tatsache, daß ich diese Komplikationen in unserer Ehe gar nicht bemerkte. Ich war mit dem Boot einfach glücklich.

Wenn du einen schwimmenden Untersatz besitzt, verändert sich dein Leben vollkommen. Nebensächliche Dinge, wie zum Beispiel Hausinstandsetzungen, müssen zwangsläufig zurückstehen. Ausschlaggebend für meinen weiteren Werdegang als Yacht-Cartoonist waren aber wohl die Typen, die ich durch das Boot kennenlernte. Auf dem Fluß wurde ich einer der Ihren. Zu jener Zeit hätte ich sogar eine Mitgliedschaft in der Royal Yacht Squadron abgelehnt, wenn man mich darum gebeten hätte. Die Gemeinschaft der Flußschipper war meine Welt. Es war einfach herrlich, an Bord zu sitzen, bei Hochwasser über die Deiche zu blicken und den Kohleofen in der Kajüte anzuzünden. Damals hatten alle bewohnten Boote einen Kohleofen an Bord, und man konnte an ihrem Rauch erkennen, wer zu Hause war. Wir trafen uns dann in irgendeiner mollig-warmen Kajüte, es gab Rumgrog, und ich lauschte fasziniert aufregenden Geschichten über Segeltörns zu exotischen Zielen, wie zur alten Wassermühle weiter stromaufwärts oder zu überseeischen Häfen weit hinter dem Horizont wie Ostende oder Calais. Ich hatte das Gefühl, daß das Leben endlich lebenswert geworden war.

Es machte mir keine Mühe, die Eigenheiten dieser Leute zu entdecken und sie – genauso wie damals bei den Lastwagenfahrern – für meine Cartoons umzusetzen. Doch die Sache hatte einen Haken. Damals sprach man nicht vom Segeln, sondern man betrieb „Yachting“, mit einem großen

„Y". „Yachtsmen" waren überaus stolze Leute, die das große „Y" auf der Brust in Gold gestickt trugen. Man konnte aber beim besten Willen nicht sagen, daß die Leute im Creek „Yachtsmen" waren. Es gab keine weiße Schiffermütze weit und breit, das einzige, was die Kumpel als Segler auswies, waren ihre Gummistiefel, die sie zu jeder Zeit trugen. Wie sollten die Cartoons über diese Leute bei den vornehmen Yachtmagazinen Anklang finden?

Erstaunlicherweise taten sie es. Die Subkultur der Segelszene faszinierte die Arrivierten in diesem Metier. Und ich konnte aus dem vollen schöpfen, denn ich war ja einer dieser Underground-Segler.

Die Zeit verging, es wurden Boote aus Sperrholz gebaut, und wir verkauften die „Vagrant", um uns dafür ein gebrauchtes hölzernes Folkeboot anzuschaffen. Das erste Mal konnten wir richtig segeln. Und dabei konnte ich sie ein bißchen aus der Distanz beobachten, meine verschrobenen Shiplover. Ich brauchte ja nur hinzusehen, um ihre kleinen Unzulänglichkeiten und Mißgeschicke zu entdecken. Yacht-Cartoons leben nun mal von diesen Kauzen, die auf jeder nautischen Bananenschale ausrutschen und in jedes Näpfchen mit Salzwasser treten. Wenn wir raussegelten, hatte ich mindestens sechs Cartoon-Ideen. Machten wir an einer Mooring zum Lunch fest, konnte ich sie leicht verdoppeln. Die meisten zeichnete ich so, wie sie vor meinem geistigen Auge entstanden.

Ich begann nun, meine Cartoons auch ausländischen Yachtzeitschriften anzubieten, und sie wurden überall gedruckt. Vielleicht lag ein Teil des Erfolges daran, daß ich den Leuten den Spiegel vorhielt. Ich wollte das Segeln an sich und die Leute, die sich diesem Sport verschrieben hatten, nicht verunglimpfen, zumal Segeln damals – wie auch heute – eine der ernstesten Sachen der Welt war. Aber in meinen Cartoons zeigte ich Situationen, die jeder Fahrten- oder Regattasegler so oder ähnlich selbst schon einmal erlebt – zumindest aber so empfunden hatte.

Wie ernst die ganze Sache in jener Zeit war, zeigten die Artikel der Yachtpresse. Da wurden Grundsatzdiskussionen darüber geführt, ob das Bermudarigg Vorteile gegenüber dem Gaffelrigg habe, oder man stritt sich über nautische Schreibweisen. Bug- und Heckkörbe sowie Seezäune waren gerade erfunden worden, und GFK war noch nicht mehr als eine Idee in den Köpfen der Chemiker. Nach alter Tradition zogen die Bootsleute weiße Bezüge über die Yachtaufbauten und Niedergänge, wenn die Sonne schien, und unauffällig verschwanden sie im Vorluk, wenn der Eigner an Bord kam.

In dieser hohen Zeit der Yachttraditionen wagte ich es, die Segelszene auf die Schippe zu nehmen – was man mir zum Glück nicht verübelte. Ja, an einem Tag riefen gleich vier Chefredakteure von Yachtmagazinen an, die meine Carttons haben wollten. Ich hatte endgültig gewonnen.

Aber ich habe immer noch meine Träume. Eines Tages – wer weiß – werde ich doch noch ein berühmter Künstler.

2 *Auf See*

„Na klar habe ich das Ding gecheckt.
Eine Hälfte war vollständig aufgepumpt."

„Natürlich bist du schuld! Wenn du nicht deinen Kopf zum Niedergang rausgesteckt und gerufen hättest ‚Es ist serviert', wär's nicht passiert."

„Mir scheint, der GPS-Navigator spinnt wieder!“

*„Von wegen Morgenstund' hat Gold im Mund.
Da hab' ich lieber Blei im Hintern und bleib' liegen."*

3 *Noch weiter auf See*

„Was ist denn das da in meinem Stiefel?“

„Nimm es von der heiteren Seite – kein Gequassel im Radio, keine Wasserflitzer, Motorboote, Jollen-Regattafelder, Wasserski-Läufer . . .“

„Liebling, die Bohrinsel, die vorhin unsere Position bestätigt hat, überholt uns gerade."

„Wenn wir wieder auf diesen blöden Wetterbericht gehört hätten, lägen wir noch im Hafen und wären nicht schon auf halbem Wege zu den französischen Fleischtöpfen."

„Beeil dich, beeil dich, Fred!"

„Ich bin nicht Ingrid Steeger, und jetzt ist deine Wache dran!"

4 *Unter Land*

*„Das hörte sich schlimm an, aber alles ist o.k.
Nirgends ist was kaputtgegangen."*

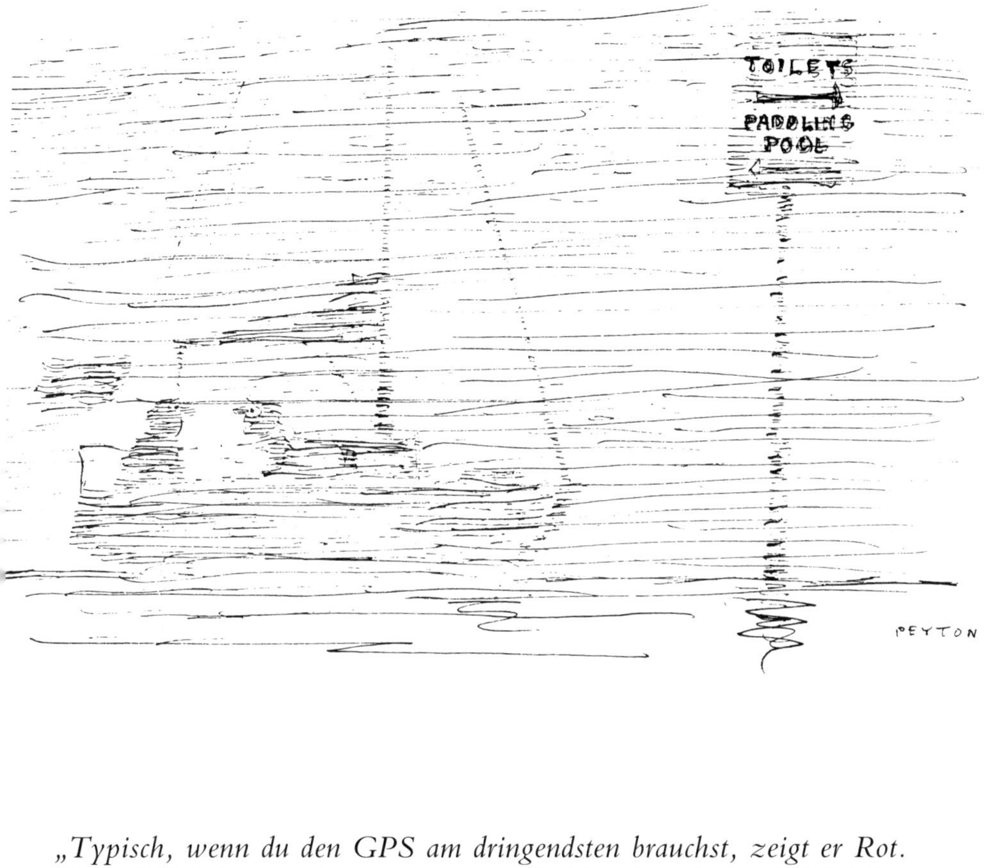

„Typisch, wenn du den GPS am dringendsten brauchst, zeigt er Rot. Zum Glück hat er eben noch unsere Position berechnet, drei Meilen vorm Hafen . . .“

„O.K., hol die Fock dicht!“

„Klar bei Fender!“

*„Warum sind Sie mir hinterhergesegelt?
Ich bin doch auch kein Einheimischer."*

„Es ist ja nett von Susi, daß sie ihm an Bord helfen will – aber sie hat doch von nichts 'ne Ahnung . . .“

„Ich hab' nie an Scheidung gedacht, bis wir an diesem Familien-Segel-wochenende teilnehmen mußten."

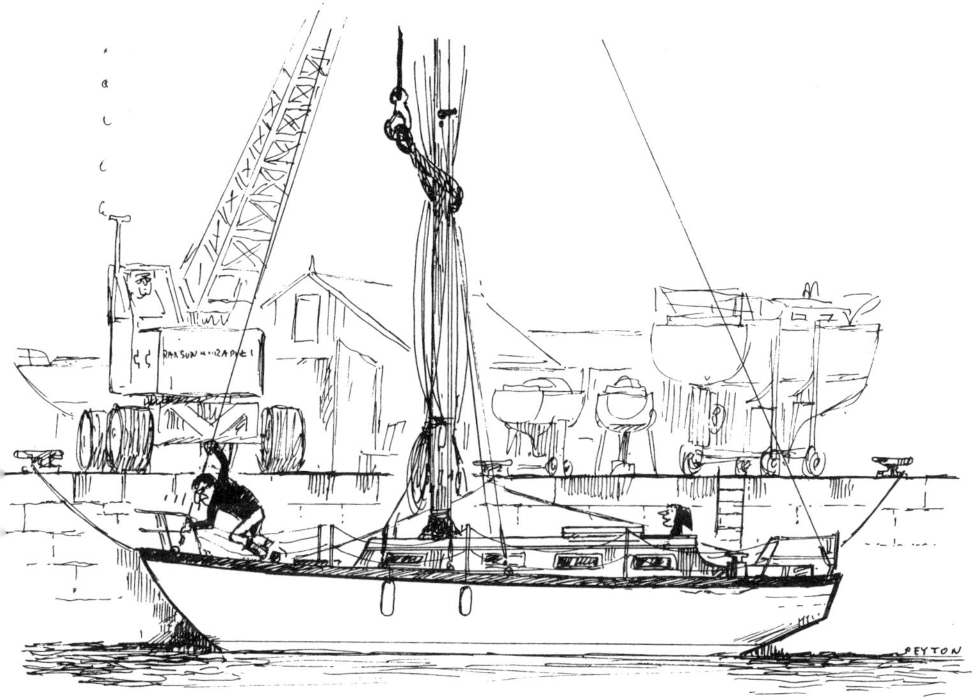

„Schatz, ich sollte dich daran erinnern, daß du vor dem Mastsetzen noch den Windex montierst ...“

„Es ist wie auf Papas Bauch."

„Hafengeld? Das ist Skippersache! Rufen sie ihn doch durchs Vorluk – er nimmt gerade das verstopfte Klo auseinander.“

„Ich glaube, ihr Bootsjournalisten habt einen direkten Draht zu Petrus. Immer, wenn's ans Testen geht . . .“

„Können Sie mir mal helfen? Ich wollte nur das Boot festmachen, und jetzt krieg' ich's nicht mehr zu fassen!"

„Phantasievoller, attraktiver Eigner einer 11-m-Ketsch (Länge über alles) sucht schlanke, charmante Mitseglerin mit Sinn für klassisches Ambiente."

„Hey, die Segelyacht da,
habt ihr einen großen blauen Fender treiben sehen?“

„Der Törn fängt eigentlich nicht so schlecht an ...“

5 *Auf Land*

„Es geht doch nichts über Kimmkieler."

„Ob er uns wohl böse ist,
weil wir zu spät zur Preisverteilung kommen?"

„Um ehrlich zu sein – wenn das Boot im Winterlager ist, seh' ich ihn noch seltener."

„Noch mal etwas runter, Meinert."

„Er scheint wieder Pluspunkte sammeln zu wollen. Wahrscheinlich braucht er einen neuen Spinnaker."

„Wohin fahrt ihr – nach Florida? Phantastisch! Jeden Tag mit der Sonne aufwachen, nur im Bikini rumlaufen, im warmen Wasser baden ...“

„Das ist wirklich originell . . . verstopfte Toilette beim Trockenfallen, dann vergessen, das Seeventil zu schließen . . . haben Sie nicht bessere Ausreden, um uns ihren Aufzug zu erklären?"

„Und fröhliche Weihnacht euch beiden. Aber, warum ich anrufe . . .“

„Jetzt ist ein guter Moment, Mama, ihm zu sagen, daß wir lieber einen Wohnwagen haben möchten."

„Langsam verliere ich die Geduld.
Jetzt sieht er sich das Prachtstück zum sechsten Male an."

6 *Eine unvergeßliche Mahlzeit*

Ich glaube, jeder Mensch wird irgendwann einmal gefragt, welches Essen für ihn das beste seines Lebens war. Meiner Meinung nach können nur Segler hierauf eine befriedigende Antwort geben, und wir werden gleich sehen, warum.

Meine eigene Geschichte, die mir einen solchen kulinarischen Höhepunkt bescherte, begann eigentlich schon zu jener Zeit, als das Ijsselmeer noch Zuider Zee hieß und nicht abgedeicht war. Die Fischer, die in den kleinen Häfen lebten, hatten sich bereits Jahre vor dem Dammbau davor gefürchtet, daß sie eines Tages von der See abgeschnitten sein würden und sich einen anderen Beruf suchen müßten. Doch wie das so ist, die Zeit verging, der Damm wuchs, man redete und redete, und eines Tages war es zu spät für den Verkauf des Botters, denn der Markt war mit gebrauchten Fischerbooten übersättigt.

Sie wurden billig angeboten, und das schien mir eine gute Ausgangsposition zu sein, um mich nach einem neuen alten Holzboot in Holland umzusehen. Ich besaß damals noch mein siebeneinhalb Meter langes, gaffelgeriggtes Schwertboot und vierhundert harte englische Pfund, mit denen man zu jener Zeit in Holland eine Menge anfangen konnte. In allen von der Nordsee abgeschnittenen Häfen lief ich den Holzschuh-Fischersleuten in die offenen Arme. Jeder animierte mich, doch seinen gepflegten, gesunden Fischerkahn anzuschauen. Für mich sahen alle gleich aus, waren schwarz geteert und um die zwölf Meter lang. Eigentlich waren es offene Boote mit einem riesigen Cockpit, das nur vor dem Mast von einem flachen Backdeck mit einer niedrigen Kajüte darunter abgegrenzt wurde. Der dicke Holzmast stand ohne Abstagungen frei im Koker und wurde auf dem Topp von einem langen Wimpel gekrönt. Die meisten Kähne hatten gute, gelohte Segel und einen „Kromhout"-Diesel, der eigentlich zu jener Zeit schon ins Museum gehörte.

Der Kutter, den ich kaufte, lag in Elburg und hatte die Nummer EB 49. Ich entschied mich für ihn, weil er nicht geteert, sondern mit Leinöl gelabsalbt war. Das konne nur jemand machen, der eine besondere Liebe zu seinem Fischerbotter hatte, dachte ich mir, denn es bedeutete eine große Portion Extraarbeit.

Wenn Sie sich jetzt wundern, was das alles mit Essen zu tun hat, so hören Sie mir bitte noch einen Augenblick weiter zu.

Ich übernahm die EB 49 an einem 5. November und taufte sie „Clementine". Der alte Fischer und seine beiden Söhne lotsten uns zum Hafen hinaus und sahen uns wehmütig hinterher. Brav rumpelte der „Kromhout"-Motor unter seiner Abdeckhaube und schob „Clementine" an Amsterdam vorbei durch den Nordsee-Kanal bis nach Ijmuiden. Dort blieb er einfach ohne Vorwarnung stehen und war durch nichts zu bewegen, seine Arbeit wieder aufzunehmen. Doch wir machten uns nicht viel daraus – wozu hatten wir ein Segelboot gekauft?

Ein langer Seetörn

Damals betrachtete man Motoren in Segelyachten als Hilfsantrieb, und wir waren schließlich junge, sportliche Segler. Wenn ich „wir" sage, dann meine ich Gordon, der die meiste Ahnung von uns allen von der Seefahrt hatte, und John, den Gordon in einer Kaffeebar auf Londons Haymarket getroffen und mitgeschnackt hatte. Seine Segelerfahrung bestand aus seiner Dienstzeit als Bootsmann auf einem Flugzeugträger in den Westindies. Kaum daß wir den Hafen von Ijmuiden verlassen hatten, war ich so krank wie ein Hund, der die Seefahrt nicht gewohnt ist. Der alte Botter humpelte mit wilden Bewegungen über die holprige Nordsee, und ich kotzte Stunde um Stunde, bis ich innerlich vollkommen leergelaufen war. Danach war ich so schwach wie eine verhungerte Katze und kam aus der Vorschiffskoje nicht mehr hoch. Wie viele Wachen John und Gordon für mich gegangen sind, weiß ich nicht mehr. Aber irgendwann rappelte ich mich doch noch auf und verholte mich ins Cockpit.

Ich starrte voraus in den kalten, grauen Novembertag. Wir hatten eine frische Brise aus Nordost, und der Botter machte ganz gute Fahrt. Gordon hatte die lange Pinne gepackt und sah aus wie einer dieser Dressmen, die für Zigarettenwerbung an Bord posieren: zufrieden lächelnd, voller Energie und positiver Ausstrahlung.

Ich sagte zu ihm: „Laß mich mal an die Pinne – vielleicht kannst du etwas zu essen machen." Er sah mich ungläubig an: „Trockenes Brot?" „Nein", antwortete ich, „ein richtiges warmes Essen – eine große Portion!"

Eine veränderte Perspektive

Kaum hatte ich die Seekrankheit hinter mir, war Segeln wieder die schönste Sache der Welt. Gab es irgend jemanden, der glücklicher war als ich? Hier stand ich, stolzer Kapitän auf einem feinen Schiff, und flog über die Wellen wie eine Möwe. Die braunen Segel standen steif wie Bretter im frischen Wind, und auf dem Topp zeigte der lange rote Wimpel voraus nach Westen. Dazu hatte ich prächtige Jungs an Bord, mit denen ich bis ans Ende der Welt gesegelt wäre. Was konnte einem das Leben Schöneres bieten – außer Essen?

Nach geraumer Zeit erschien Gordon in der niedrigen Kajütstür mit einer Pfanne in der Hand. Sie enthielt Köstlichkeiten, für die ein Engländer alles stehen und liegen läßt: Auf gerösteten Brotscheiben türmten sich gebratener Schinken, Würstchen, Eier, braune Bohnen und Tomaten. Das

Ganze schwamm in einer Fettsoße, die man heute vermutlich als ungenießbar erklären würde, da es das pure Cholesterin war.

Für mich war ausgelassenes Schinkenfett indessen das Beste, was man einem Seemann in einer solchen Situation zu essen geben konnte.

Gordon hatte einen langen Löffel mitgebracht. Ich nahm die Pfanne in die eine Hand, den Löffel in die andere, lehnte mich mit dem Rücken gegen die Pinne, um den Ruderdruck auszugleichen und begann, die Riesenportion in mich hineinzuschaufeln.

Gordon verschwand erneut im Niedergang und kam bald darauf mit einer dampfenden Tasse Tee wieder zum Vorschein. Er stellte sie vor mich auf das Kompaßhaus, nahm mir die leere Pfanne aus der Hand und fragte: „Alles o.k.?"

„O.k.", antwortete ich und wußte im gleichen Moment, daß dies die schönste Mahlzeit war, die ich in meinem ganzen Leben gehabt hatte. Können Sie nun verstehen, warum nur Segler wirklich ermessen können, welches Essen ihnen je am besten gemundet hat?

7 *Boots-Flohmarkt*

„Sind Sie sicher, daß Sie die Spritzkappe gebrauchen können? Ein Bügel ist gebrochen, die Frontscheibe hat einen Riß, und die Persenning ist porös . . .“

„Ein voller Erfolg! Das einzige, was wir losgeworden sind, ist dieses Buch ‚Dynamisch verkaufen'."

„Weißt du noch, wie du auch so in Torsten verliebt warst?“

„Ich schwöre dir, ich komme sofort zurück, nachdem ich das Zeug abgeladen habe."

„Top, der Handel gilt – meine Ausrüstung gegen deine.“

„Was ich suche, ist ein Blister mit einer Lieklänge von 11,50 Meter, möglichst in Blau oder Grün."

„Was heißt hier ‚Boots-Flohmarkt'?
Damit kommen Sie mir nicht durch."

8 *Auf Chartertörn*

„Und nun steh auf!“

„Spring!“

„Du solltest dir vielleicht gut überlegen, ob du bei den Franzosen mit diesem Kopfputz wirklich Eindruck schinden kannst."

„Dieser hier kostet ein kleines bißchen mehr.“

9 *Regatta*

„Hier kommt wieder unser Jurastudent.
Vermutlich gibt's 'ne lange Protestverhandlung."

„Nun versucht mal, das verdammte Ding etwas schneller runterzukriegen, als ihr's hochgekriegt habt."

„Manchmal verstehe ich,
warum gewisse Leute Motorbootrennen vorziehen."

„Unser neuer Vereinsmeister – der ebenfalls die Yardstick-Klassifizierung vornimmt – ist wiederum . . .“

„Je später der letzte durchs Ziel geht, desto lieber mache ich auf diesem Dampfer den Job als Regattaleiter."

„Und wenn ich sage, die Bar ist geschlossen, dann ist sie geschlossen!“

„Und nun der Höhepunkt des Abends: Der begehrte Cup des vereinsbesten Regattaseglers geht – nachdem er die Beträge für die letzten beiden Jahre nachgezahlt hat – an ...“

„Sie sind meine letzte Hoffnung, Doktor. Alles habe ich versucht – neue Segel, neue Taktik, neue Crew ...“

*„Laß uns das so lange ausnutzen, wie's geht.
Nächstes Wochenende machen es uns alle nach."*

„Ich persönlich finde, daß alle Ballspiele erzlangweilig sind."

„Ach – ihn meint ihr. Nö, mit dem spricht niemand – er rechnet die Yardstick-Handicaps aus."

„Ich steck' hier noch in einer wahnsinnig wichtigen Besprechung – ich komme erst spät am Nachmittag ins Büro."

10 *Aus Club und Kneipe*

„Geh im Moment mal nicht auf die andere Seite, Schatz – da könnte es ungemütlich werden."

„Welcher Idiot hat sich hier vorm Clubhaus auf Schiet gesetzt?"

„Manchmal wünschte ich mir, Peter,
daß du nicht so ein fanatischer Segler wärst."

„Nach dem Erfolg haben sie mich gleich für die nächsten Jahre als Skipper angeheuert."

„Der alte Muffkopp an der Bar hat sich wieder aufgeregt:
‚Früher siegten noch die besseren Sportsleute, heute die Muskelprotze'!"

„Wenn sie so lachen, erzählen sie sich die Ausreden, mit denen sie sich für dringende Winter-Überholungsarbeiten aus dem Staub machen."

11 *Sicher vertäut*

„Ich weiß nicht, was Sie zu tun haben – aber meine Arbeitsliste ist so lang wie mein Arm!“

(Ohne Worte)

*„Glaubst du, der Nikolaus ist ein Warenhaus?
Seit wann hängen sie Segelsäcke für die Geschenke auf?"*

„Als Fahrtensegler bezahle ich das Hafengeld immer sofort nach dem Einlaufen. Und wenn der Hafenmeister nicht da ist, habe ich wenigstens meine Pflicht getan."

„Du und deine glänzenden Augen auf der Bootsausstellung. Darf ich dich daran erinnern, daß wir ein Haus besaßen?“

„Wie Sie sagen – es ist nichts weiter passiert. Aber wir haben hier fünf Meter Tidenhub, und es fängt gerade an zu ebben."

„Nichts habe ich lieber als einen Kuhsturm, ein sicheres Liegeplätzchen, ein paar Bier und in den Kanal 16 reinhören!“

„Gott sei Dank, daß du zurück bist! Sie haben dir deinen Job gekündigt, die Bank hat unser Konto gesperrt, der Älteste hat unser Auto zu Schrott gefahren, der Jüngste liegt im Bett mit . . .“

„So ein herrliches Wetter! Ich glaube, heute werden wieder viele Eigner geschäftlich in dieser Gegend zu tun haben.“

12 *Eine stürmische Woche*

Ich war stets glücklich darüber, daß die Themse mit all ihren navigatorischen Raffinessen, den geschützten Ankerplätzen und historischen Sehenswürdigkeiten mein Hausrevier ist. Bis zu einer stürmischen Woche im Juni.

Wir ankerten vor Mersea-Island und machten uns für die Überfahrt nach Holland und Amsterdam klar. An Bord meiner elfeinhalb Meter langen Ferrozement-Yacht „Touchstone“ waren sieben Gäste. Der 5.55-Uhr-Wetterbericht sagte fünf bis sieben Windstärken voraus, so daß ich es für richtiger hielt, noch ein bißchen abzuwarten, bevor wir uns aufs offene Wasser hinauswagten. Mit der Ebbe segelten wir bis Foulness und ankerten dort, um in einer bei Seglern sehr beliebten Kneipe unser „Early-Morning-Beer“ einzunehmen. Vielleicht warteten wir hier eine Idee zu lange, denn als wir bei gerade auflaufendem Wasser die Themsemündung erreichten, hatte der Wind bereits voll eingesetzt. Wir banden zwei Reffs ins Groß und setzten den Kurs auf Whitstable ab, zehn Meilen im Süden. Die Sicht wurde immer schlechter, es goß wie aus Kannen.

Unterwegs heizten wir unseren Bordofen an – er sollte für den Rest der Woche nicht mehr ausgehen, und auch die beiden Reffs blieben während des ganzen Törns eingebunden. Es wurde der kälteste Juni seit fünfzig Jahren.

Am nächsten Morgen verkündete der Wetterbericht in Whitstable wieder sechs bis sieben Windstärken. Wir beschlossen, nicht nach Holland hinüberzusegeln, sondern uns an der Küste in geschützten Gewässern aufzuhalten. Im Süden hofften wir auf bessere Bedingungen.

Nur eine Sechs-Meter-Yacht, die in Whitstable hinter uns festgemacht hatte, lief nach Norden aus. Später lasen wir in der Zeitung, daß sie ge-

strandet war und die dreiköpfige Crew sich ins Schlauchboot gerettet hatte. Die Riemen gingen verloren, und die Schiffbrüchigen trieben neunzehn Stunden auf See, bevor sie von einer anderen Yacht aufgenommen wurden.

Als wir Ramsgate erreichen, waren die Schlengel nahezu leer – ungewöhnlich für die Saison Mitte Juni. Nur ein paar holländische Yachten warteten auf besseres Wetter für den Rücktörn. Am Montag morgen sagte der Wetterbericht erneut sechs bis sieben Windstärken voraus. Meine Leute wurden langsam unruhig. Schließlich wollten sie nicht den ganzen Tag im Hafen verbringen.

Ich schnappte mir das Fernglas und betrachtete die See. Eigentlich sahen die Wellen ganz handig aus. Vielleicht konnten wir doch hinüber nach Calais segeln? Als wir das geschützte Wasser von South Foreland verließen und „Touchstone“ in wahre Wellengebirge fiel, die der Wind gegen die Tide aufgebaut hatte, sank unsere Begeisterung für Frankreich auf den Nullpunkt. Mühsam schlingerten wir nach Deal, wo wir zwischen Hunderten von Segelyachten ankerten, die alle auf besseres Wetter warteten.

Später hörten wir, daß die Fischer von Deal die fetteste Saison seit Jahren hatten. Nie zuvor wurden so viele Anker nebst Ketten aufgefischt und mit gutem Profit verkauft.

Da ans Auslaufen nicht zu denken war, beschlossen wir, nach Sandwich zu motoren, ein kleiner Hafen, der bei Ebbe vollkommen trockenfällt. Für „Touchstone“ gab es da aufgrund ihres aufholbaren Schwertes keine Probleme, doch wir hatten einige Mühe, den Bug wieder in Richtung Küste zu drehen. Der Hafen war nämlich gerade so breit, wie unser Boot lang war. Wir fuhren einfach mit dem Steven in die Uferböschung und ließen uns von der Flut herumdrücken – wobei das Ruder an der gegenüberliegenden Uferbefestigung entlangschrammte.

★

Sandwich ist einer der alten romantischen Häfen, die einen Besuch lohnen. In den engen Gassen entdeckten wir das beste „Fish and Chips“-Lokal von ganz England, so daß die Crew ein wenig für das Sauwetter entschädigt wurde.

Den Wetterbericht am nächsten Morgen hätten wir eigentlich schon nicht mehr zu hören brauchen: sechs, in Böen sieben Windstärken. Wir wanden uns aus unserem Flußlauf und motorten nach Margate, wo wir im geschützten Wasser ankerten, um zu Mittag zu essen und auf die Flut zu warten. Von hier aus hatten wir endlich einen herrlichen Segeltörn hoch am Wind, aber es war ein Tag wie im Winter: eiskalt und Regen. Niemand hatte Lust, das Ruder zu übernehmen – alle hockten sie unter Deck um den Kohleofen herum. Ich habe die Erfahrung gemacht, daß es unter Deck

„Der Sturm scheint nachgelassen zu haben."

einer Yacht um so gemütlicher ist, je schlimmer das Wetter oben tobt – sofern man einen Ofen hat.

In der Dämmerung erreichten wir Pollard und motorten sofort in den Swale hinein, solange die Einfahrtstonnen noch auszumachen waren. Dort gab es eine ruhige Muring für die Nacht. In den Nachrichten hörten wir von Schneefall in den Alpen, und daß die Leute ihre Ski rausgeholt hatten.

Am Mittwoch morgen wieder dasselbe im Wetterbericht: sechs bis sieben. Hatte der Wetterforsch ein Tonband aufgelegt? Jemand von der Crew sprach den folgenschweren Satz: „Warum segeln wir eigentlich?" Ich konnte die Frage nicht befriedigend beantworten.

Wir slippten die Muring und segelten nach Rochester. Dort mußten wir erstmal Kohlen bunkern, denn unsere Vorräte waren aufgebraucht. Dann ging es zurück nach Queensborough, wo wir wieder eine Muring ergatterten. Es kachelte so auf dem Ankerplatz, daß wir es nicht wagten, mit dem Beiboot an Land zu rudern. Nach einer unruhigen Nacht warteten wir am Donnerstag morgen alle gespannt auf den Wetterbericht. Er hatte tatsächlich eine kleine Variante parat: sechs bis sieben, in den Böen acht! Ich war froh, daß wir in die geschützte Themse einlaufen konnten. Mit Hilfe der Tide kamen wir flott voran, und es wurde ein spannender Flußtörn.

Immer wenn ich heute über die Brücke von Dartford fahre, erinnere ich mich, wie wir bei dem Wetter mit „Touchstone" unterdurchgesegelt sind, und wie nach dem Windschatten des Brückenpfeilers eine Bö einfiel, die mich nach Lee auf die Cockpitducht katapultierte, so daß ich da wie ein Käfer auf dem Rücken lag und die Brücke von unten ansehen konnte.

Mit Hochwasser erreichten wir Greenwich und machten im Innenhafen fest. Der Hafenmeister erschien sofort, tippte Länge und Breite der „Touchstone" in seinen Kalkulator und verkündete mit unbewegter Miene, daß wir 5,40 Pfund zu zahlen hätten. Ich fragte ihn, ob das der Satz für die ganze Nacht sei, da wir nicht bleiben wollten, und er antwortete: „Nein, für eine Stunde!"

Wir blieben drei Stunden, um das Marine-Museum anzusehen und uns ein bißchen die Beine zu vertreten. Dann ging es nur unter Fock weiter nach Holehaven, wo wir auf dem Ankerplatz alle Kette steckten, weil der Wind im Rigg wahre Ouvertüren blies.

Oh, was für ein schöner Morgen

Der Freitag, unser vorletzter Segeltag, begann so schön, wie man es sich nur auf einem Boot wünschen kann: blauer Himmel mit Schäfchenwolken, Sonnenschein und eine frische Brise. Sie kam aus der richtigen Richtung, so daß wir mit achterlichem Wind und bis zu sieben Knoten Fahrt einen herrlichen 50-Meilen-Törn bis Harwich hatten. Dort angekommen, machten wir gar nicht erst fest, sondern segelten gleich weiter bis Pin Mill, wo wir in der Shotley Marina für die Nacht festmachten.

Die Marina war wieder einmal Treffpunkt holländischer und britischer Ferrozement-Yachten, die hier ihre alljährliche Regatta aussegeln wollten. Bis zu diesem Wochenende hatte niemals eine englische Yacht gewonnen, und es war ein Segen für uns, daß sich wegen des Sturms kein holländisches Boot über die Nordsee gewagt hatte.

Dann fing es wieder an zu regnen, und meine Crew stimmte demokratisch darüber ab, daß ihr Törn am Sonnabend mit dem Hochwasser um 15.30 Uhr in Maldon enden sollte.

Mit einem Schlag ging es am nächsten Morgen den Blackwater hinauf, und ich dachte noch einmal über die Frage nach ...

Warum segeln wir eigentlich?

Wir hatten in der einen Woche doch herrliche Reviere erlebt und jeden Tag die Segel gesetzt. Die Crew war prächtig, die Stimmung gut, und in sieben Kneipen tranken wir frisches englisches Bier. Die Logge zeigte über dreihundert Meilen, die fast ausschließlich in geschützten Gewässern zurückgelegt wurden. Das war nur mit einem Schiff wie der „Touchstone“ möglich, die wegen ihres geringen Tiefgangs überall dort segeln konnte, wo Kielyachten nicht hinkamen. Zehn Flüsse gaben uns Schutz vor dem Sturm und boten interessante Landschaften. Nein, das Segeln als solches ist nicht in Frage zu stellen – es hat nur sehr unterschiedliche Facetten.

Am Sonnabend, um 13.50 Uhr, hörten wir noch einmal den Wetterbericht. Er verkündete Sonne, Wärme und ein angenehmes Lüftchen um 4. Sie hatten anscheinend das Tonband verlegt...